漢高祖劉邦

平民皇帝第一人

Kao-tsu of Han
The First Peasant Emperor

繪本

故事◎姜子安
繪圖◎林家棟

西漢的開國皇帝劉邦，

公元前256年生於沛縣的農村。

傳說他的母親劉媼有一天在湖邊小睡時，

突然天昏地暗，閃電打雷。

他的父親趕到時，

看到一條蛟龍盤在她身上。

不久，劉媼懷了身孕，生下劉邦。

3

4

劉邦從小性格豪爽，喜歡交朋友。

後來，經由考試做了泗水的亭長，

和縣裡的官吏們處得很熟。

有一次劉邦看到秦始皇出巡，

忍不住說：

「多威風呀！大丈夫就應當這樣！」

有一年，
縣令的好友呂公到沛縣，
看到劉邦相貌堂堂，
對他說：
「看你的面相，
將來一定大富大貴。
我的女兒，
許配給你可好？」
劉邦聽了很高興：
「我日後如果有成就，
令千金必定和我同享受富貴。」

6

秦王治國無道，各地紛紛抗秦。
劉邦帶領群眾占領沛縣，被尊稱為沛公。
他聽說項梁在吳地擁立楚懷王的孫子，
仍尊稱為「懷王」，
心想：「投靠懷王，比較有前途。」
於是，便帶著軍隊前往。

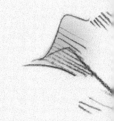

項梁戰死，
項羽接掌叔父的軍隊。
懷王宣布：
「誰先攻入關中，
誰就當關中王。」
項羽奉命北救魏國，
劉邦因此搶先入關，
滅了秦朝。
劉邦下令：
「殺人者死，
傷人及搶劫要治罪。」
咸陽城很快恢復秩序。

項羽很生氣，

帶大軍駐在鴻門，

準備攻打劉邦。

劉邦前去解釋：

「我派兵守關，日夜盼望將軍到來，

哪敢稱王？將軍不要聽信謠言。」

「原來是個誤會。」

項羽聽信劉邦的話，

「你就留下來一起喝酒吧！」

項羽的堂弟項莊向劉邦敬完酒就舞劍助興，
劍光快閃，忽上忽下，忽東忽西，
道道劍鋒都往劉邦的要害刺去，
眾人嚇得臉色發白，但劉邦一一躲過。
他質問項羽：「我有功無過，
大王卻要殺我，不怕天下人笑嗎？」

14

項羽答不出話， 於是請項莊退下。
過了一會兒， 劉邦起身上廁所，
交給部屬張良一個禮物：
「等我回到軍中時， 你再進去，
幫我把這對璧玉獻給項羽，
以表達我的忠誠。」
劉邦說完就騎馬逃走了。

17

不久，項羽帶兵入關，
兵士在咸陽屠殺搶劫，
火燒秦朝王宮，四處破壞。
老百姓對項羽大感失望，
心裡都想著：
「希望沛公當關中王，
我們才有好日子過。」
但項羽自稱西楚霸王，
卻把劉邦封為「漢王」。

漢王率領軍隊前往封地巴蜀漢中，
沿途將兵們紛紛逃走。
韓信勸漢王：
「部屬們都想回鄉，
不如趁著這股士氣跟項羽一爭天下，
錯過就沒有機會了。」
漢王想了想：
「時機未到， 不宜輕舉妄動。」

項王氣憤懷王派他北救魏國，
使他失去搶先入關的機會。
「懷王只是我叔父擁立的，
真正平定天下的人是我。」
項王假意尊稱懷王「義帝」，
卻悄悄派人殺了他。
義帝被害之後，各地叛變，
天下動盪不安。

「兄弟們， 出兵的時候到了！」

漢王攻入咸陽， 並通告諸侯們：

「項羽殺害天下人共同擁立的義帝，

我劉邦將帶關中兵馬和大家

一同討伐這個不忠不義的人。」

漢王出關， 名正言順，

諸侯們無人出面阻止。

楚軍在睢水附近迎戰漢軍，
兩軍經過一番激戰，雙方死傷慘重，
睢水被屍體堵塞到不能流通。

兩軍僵持不下，最後協議以鴻溝為界線，
鴻溝以西屬於漢軍所有，
鴻溝以東為楚地，互不侵犯。

漢王暗地裡派人遊說，
讓項王的部將改投漢軍，
不僅使漢軍的勢力日漸壯大，
也使項王軍力重挫。
當漢軍有了相當的勝算時，
漢王號召天下：
「當我完成統一大業，
有戰功的英雄，都可以分地為王。」

29

各路諸侯得到消息，
紛紛帶兵前來，
漢軍陣容更加堅強。
「韓信帶大軍正面迎擊，
諸侯們由側面夾攻，
我來負責斷絕項羽的退路。
大家齊心，一舉滅楚！」
漢王令旗一出，
全軍士氣如虹，浩浩蕩蕩前進。

漢軍與楚軍，在垓下決戰。
韓信首先帶兵上陣，
諸侯們接著左右夾擊，
楚軍漸漸招架不住；
韓信的軍隊再度逼進，
楚軍只好往後退卻，
又被漢王痛擊。
楚軍潰散四逃，
零零星星退回營壘。

漢軍部將打算乘勝追擊，
但漢王阻止：
「我與項羽爭天下，寧可鬥智，
也不要鬥力。」

34

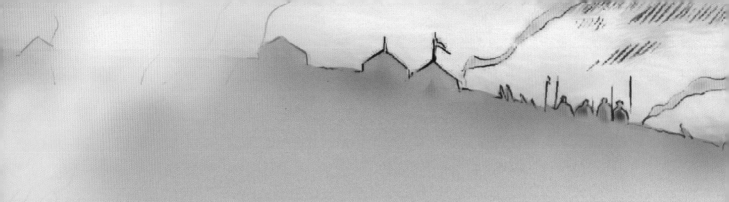

夜裡，

漢軍陣營傳出一陣陣楚地的歌謠，

被困的楚軍兵將聽了，一個個淚流滿面。

「好想趕快回家鄉啊！」

楚軍軍心徹底瓦解。

項王也大驚：

「難道漢軍已經佔領了楚國領地？」

他連夜起來，在營帳中喝酒高唱：

「雖然我力可拔山，氣可蓋世，

但時機不對，連駿馬都不想跑了。

虞姬啊！該怎麼辦？」

虞姬和著項王唱了一遍又一遍，

項王流下兩行熱淚，侍從個個哭泣，

不忍抬頭觀看。

項王突然上馬，帶著八百多個部下，
衝出營地，邊戰邊逃。
項王逃到烏江邊時大嘆：
「我當年帶八千江東子弟渡江，
如今全軍覆沒，
哪有臉回去故鄉？」
說完，就在烏江畔結束自己的生命。

39

項王死後， 楚國各地都投降漢軍。
劉邦統一天下後， 建都於長安，
國號為「漢」， 並封呂氏為后，
歷史上尊稱他為「漢高祖」。
漢朝尊崇儒家學術，
為中華文化奠下深厚的儒家思想，
影響深遠。

漢高祖劉邦
平民皇帝第一人

讀本

原典解說◎姜子安

劉邦是如何以一個平民身分，擊敗強敵，成為漢朝的開國皇帝呢？

TOP PHOTO

呂后是劉邦的妻子。韓信預謀叛變時，呂后採用陳平的計略，在宮中誘殺了韓信。呂后也利用劉邦長年在外征戰的機會，扶持娘家的勢力，最後導致了宮廷中發生功臣派與外戚派的鬥爭。

呂后

相關的人物

劉邦

劉邦（公元前 256～前 195 年）出身平民，曾擔任泗水亭長。司馬遷說他個性寬大豁達，熱善好施。秦末天下大亂，他趁機加入反抗行列。劉邦實力雖弱，卻能重用蕭何、張良等人才，再加上韓信、英布等人幫助，最終擊敗項羽，成為漢朝開國皇帝。上圖為明朝劉俊所繪〈漢殿論功圖〉，描繪漢高祖劉邦初立漢朝，在殿上規定朝儀，對眾臣論功封賞的場景。

項羽

項羽是楚國貴族的後代，《史記》說他力氣大到能夠扛起鼎，才氣過人。鉅鹿之戰時，他曾破釜沉舟來展現決心，結果大破秦軍，成為各路諸侯的領袖。但項羽只懂得用力量去征服別人，導致樹敵過多，埋下楚漢相爭失敗的原因。

蕭何

蕭何曾做過秦朝的小吏，也是劉邦身邊少數讀過書的人。劉邦進入長安的時候，蕭何搜集了政府檔案，做為重要的情報資料。在楚漢相爭之際，劉邦常吃敗仗，靠著蕭何才不致潰敗。日後劉邦便以蕭何功勞最大，封為鄼侯。

陳平

挑撥項羽和范增的關係，誘殺韓信，解除了平城之圍，都是出自陳平的計策。但呂后想要分封呂家親戚為王的時候，陳平不敢反對。等到呂后死後，陳平便策動劉氏諸王消滅呂家勢力。漢文帝時，他還當上了丞相。

韓信

韓信是著名的軍事家，但出身寒微，年輕時曾受到「胯下之辱」。蕭何將他推薦給劉邦時，曾稱讚他為「國士無雙」，是無人能及的人才。因為感激劉邦的重用，他在楚漢相持不下時，也未曾背棄劉邦。但因為鋒芒太露，叛變失敗後被滅族。

張良

張良（右圖）、蕭何與韓信並稱為漢初三傑。他的家族五代都輔佐韓國，在韓遭滅國後便隱姓埋名。傳說中，他曾於圯下得到太公兵法，之後追隨劉邦。他以善於謀略策畫出名，劉邦稱讚他「運籌帷幄之中，決勝千里之外」，封他為留侯。

劉邦起義之後，生活便幾乎脫離不了戰爭，至死方休。平民出身的他，經歷哪些時機，成為漢朝開國皇帝呢？

揭竿起義

公元前 209 年

這一年，陳勝和吳廣奉命帶九百人前往北方邊境守邊，但被大雨耽誤。陳勝知道遲到是死罪一條，便選擇叛變。他們缺乏武器，便「斬木為兵，揭竿為旗」，帶頭吹響反抗的號角。

公元前 209 年

陳勝吳廣起義時，劉邦也因為縱放囚犯，正流亡在外。後來他鼓動沛縣人民殺死他們的長官，被擁立為沛公。日後的開國功臣如曹參、蕭何、樊噲與張良等人，也都在此時加入他的行列。

沛公初起

相關的時間

子嬰出降

公元前 206 年

劉邦和項羽分頭北伐，劉邦的軍隊善用招降策略，很快推進到霸上，足以威脅咸陽。子嬰發現大勢已去，只好出來投降，穿著白衣，捧著玉璽，並在脖子上栓著繩子，表示臣服，於是秦朝滅亡。左圖為宋朝趙伯駒繪〈漢高祖入關圖〉。描繪楚漢相爭時，項羽抵達潼關，漢高祖已入咸陽的場景。

公元前 205 年

項羽分封有功將領，刻意把劉邦封在偏僻的四川，並讓秦朝投降的將領統治關中，阻止劉邦復出。劉邦採用張良的計略，放火燒掉通往長安的棧道，暗示無意復出，以博取項羽的信任。

漢王

TOP PHOTO

擊敗項羽

公元前 202 年

楚漢相爭數年，楚軍逐漸感到資源不足，於是與漢軍談判，約定以鴻溝為界，二分天下。項羽訂完和約之後便率領軍隊返鄉。劉邦採用陳平、張良的建議，撕毀和約追擊項羽。項羽兵敗自殺，楚漢相爭結束。上圖為清朝吳友如《吳友如畫寶》中的霸王別姬。描繪楚漢相爭，楚王項羽被困垓下，哀嘆大勢已去，愛妃虞姬舞劍為項羽消愁，然後自刎的故事。

翦除功臣

遷都長安

公元前 196 年

陳豨造反，韓信想要和他裡應外合，結果被用計騙入宮中殺死。彭越因為不出兵助漢，事後也被剁成肉醬。黥布看到功臣的下場如此淒慘，心中不安，也舉兵叛變，失敗被處死。

公元前 200 年

追隨劉邦的大臣都是山東人，大多勸劉邦選擇東邊的洛陽為首都，只有劉敬跟張良認為應該選擇長安。因為長安的形勢險要，容易控制東方；而且腹地、資源等條件都比洛陽優越。劉邦因此選擇定都長安。

漢初的制度有承襲秦朝，也有依時空環境而做出的變革。圍繞劉邦這位平民皇帝的事物有哪些呢？

TOP PHOTO

秦始皇統一天下以後，為了提高中央政府控制地方的能力，採取郡縣制度，將全國劃分為三十六個郡（後來變成四十一個），以下再分為縣、鄉、亭、里等單位，層層管轄。劉邦曾經擔任過亭長的職位，負責維護治安。左圖為清朝畫家吳友如所繪的〈高祖斬蛇〉，描繪劉邦在當亭長時，將擋路的巨蛇斬斷之情景。

亭長

相關的事物

大風歌

劉氏冠

劉邦在戰勝項羽之後的慶祝宴會上做了〈大風歌〉。唱著「大風將白雲刮得翻揚，我的威德已加諸天下，回到了故鄉，但要如何找到幫我守護土地的勇士啊！」劉邦仰賴他人的幫助實在太多，即使成功了，還是無法擺脫內心的不確定感。

劉邦還在當亭長時，自己設計了一種帽子，形狀如一塊板子，以竹皮製成。因為劉邦時常戴著它，這種竹皮冠也被稱為劉氏冠，變成漢朝流行的帽子。

在中國的封建制度中，統治者將土地爵位分給家族，形成穩定的效忠關係。劉邦稱帝後，除了冊封劉氏家族之外，也冊封為他出力打仗的功臣，稱為異姓諸侯。但劉邦懷疑異姓諸侯的忠誠度，不久便找機會消滅他們。

秦末漢初，有許多商人趁著社會動亂大發災難財。劉邦為了抑制「向錢看」的風氣，頒布許多歧視商人的法律，例如不准商人穿絲綢衣服、乘車，對商人課以重稅，以及禁止他們的子孫擔任官職。這些法律就是告緡政策下的產物。

告緡政策

異姓諸侯

劉邦曾率領軍隊攻擊匈奴，結果陷入埋伏，差一點變成俘虜。劉邦意識到漢朝缺乏打擊匈奴的手段，轉而採取「和親政策」，和匈奴互通婚姻，並且定期送生活物資給匈奴，以避免匈奴入侵搶劫。

和親政策

長安城

秦朝的首都咸陽建於渭水的北岸，但後來被項羽燒成廢墟。劉邦稱帝之後，在渭水的南岸重建城市，因為該地屬於長安區，所以稱為長安。等到劉邦的兒子即位，才開始興建長安的城牆。長安城是中國歷史上第一座規模龐大、居民眾多的城市，也是漢朝和之後多個朝代的首都，直到隋朝遷都後才被廢棄。右圖為由漢長安城遺址出土的「白虎」瓦當，是古代建築用瓦的重要構件。

追隨劉邦的人大多是山東人，日後他們結合成一個龐大的政治集團。

劉邦出生於沛豐邑中陽里（江蘇省豐縣）。「沛」是指沛郡，秦朝稱為泗水郡，司馬遷寫《史記》時已改稱為沛郡。「邑」則有縣的意思，豐邑即是日後的豐縣。劉邦、蕭何都是沛郡的豐邑人。

豐西澤在江蘇豐縣以西。劉邦奉命押解犯人到驪山當苦工，但一路上逃掉了許多人。劉邦眼看無完成任務，走到豐西澤的時候，便釋放所有人，並號召自願追隨他的人，一起反抗秦朝統治。

沛豐邑

豐西澤

相關的地方

沛縣

TOP PHOTO

沛縣跟沛郡不同，是屬於泗水郡管轄的縣，是現在的江蘇省徐州市下轄的一個縣。劉邦開始反抗秦朝的統治時，說服沛縣的居民殺掉他們的縣長，接管了沛縣，因此也被稱為沛公。上圖為沛縣紀念高祖劉邦所作〈大風歌〉而建的歌風臺。

劉邦違背了和項羽訂立的和約，追擊項羽，而將他包圍在垓下。垓下在安徽省靈璧縣東南。項羽見大勢已去，突圍逃到烏江畔，最後自刎而死，結束了楚漢相爭。右圖為後人為項羽在烏江自刎處所蓋的西楚霸王靈祠與衣冠塚。

TOP PHOTO

垓下

滎陽

劉邦與項羽曾在河南滎陽對峙了一年多，項羽圍困劉邦，讓他的軍隊面臨斷糧的危機。但劉邦採用了陳平的計策，離間項羽的軍師范增。並派人假裝要跟項羽投降，趁機逃出滎陽。

關東

漢朝的「山東」、「山西」，或者「關東」、「關西」是指陝西華山和函谷關的東西之地。幫助劉邦推翻秦朝的功臣，幾乎都是山東人，他們出將入相，形成一股龐大的政治勢力。

關中

關中是指渭河平原一帶的地區，因為座落於四個主要的關口（東：函谷關、西：散關、南：武關、北：蕭關）而得名。因為關中的土地肥沃、形勢險要，自古即為兵家必爭之地，如咸陽、長安這些著名的古城都在關中。

漢高祖

　　傳説劉邦的鼻梁高挺，上額突起，像龍的額頭般，嘴角及兩頰的鬍子十分茂盛，左腿有七十二顆黑痣，似乎天生是個貴人。

　　秦始皇曾經發現「東南方有天子氣」，因此他到東方巡視，想要鎮住這股氣勢。劉邦擔心這事跟他有關，就躲在深山中。但呂后每次去找他，經常一找就找到，使他覺得很奇怪。呂后説劉邦所藏的地方上面都會有一堆雲氣，跟著雲氣走就可以找到。這件事傳開以後，沛縣人都認為劉邦是個貴人，紛紛跑去歸附他。

　　劉邦帶兵往西挺進時，路過高陽，看管城門的酈食其認為劉邦是個氣魄恢宏的人，就跑去見他。當酈食其到達時，只見他正兩腳岔開，坐在床上，讓兩個女人幫他洗腳。酈食其説：「你如果真要討伐秦王，就不應該用這種不禮貌的姿勢來接見長者。」劉邦立刻站起來整理衣服，向他道歉，並請他坐在上位。當時，劉邦已是萬人之上的將領，面對指責，能夠立刻接納改進，可見他的大度能容。

　　此外，向來好酒好色的劉邦帶兵進入咸陽，對秦宮的寶物、美酒、美女未動分毫，並與關中父老約法三章，保持關中地方的社會

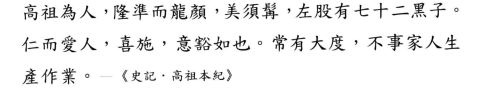

高祖為人，隆準而龍顏，美須髯，左股有七十二黑子。
仁而愛人，喜施，意豁如也。常有大度，不事家人生
產作業。 ──《史記‧高祖本紀》

秩序。百姓感念劉邦，爭著送美酒美食來慰
勞，他也分毫未取，更加深得民心。劉邦能
夠克制好酒好色的習性，乃是因為他想要奪得天
下，而不只是一個小小的關中王呀！

　　然而，劉邦在和項羽爭奪天下時，他的
家人也受到波及，他曾經為了順利逃離楚
兵的追趕，情急之下把兒女孝惠帝及魯元
公主推下車；當項羽要脅說要烹煮劉邦的
父親時，他竟回答：「我們曾在懷王面前『約
為兄弟』，我父親便是你父親，你如果要煮你父親的
話，就分一碗肉湯給我吧！」

　　可見劉邦為了奪天下，是多麼無賴與無
情呀！

大風起兮雲飛揚，威加海內兮歸故鄉，安得猛士兮守四方！ ──《史記‧高祖本紀》

　　高祖十二年七月，淮南王黥布反叛，他告訴部下：「皇上已經年紀大了，厭倦作戰，所以必定不會親自領兵。他手下的將帥我只怕淮陰侯和彭越，如今這兩個人都死了，其餘的將領都不必怕。」

　　沒想到高祖竟然親自帶兵征伐，打敗了黥布的軍隊。凱旋回京時，路過故鄉沛縣，分外感慨。

　　高祖舉行宴會，將家鄉的父老子弟及老朋友都邀請過來敘舊喝酒，還挑選了一百二十個兒童，教他們唱歌。富貴還鄉是人生最快樂的事，高祖喝得分外暢快，他邊敲著筑，邊唱起自己編的歌：「大風捲起了天上的白雲，建立皇威的我終於富貴回鄉了，但我要怎麼

才能招攬勇猛的武士，來鎮守四面八方的邊疆？」

　　兒童們跟著高祖唱，一遍一遍的唱和之後，高祖跳起舞來。想到跟著自己征戰建立天下的韓信、彭越、黥布先後反叛，不禁感慨萬千，激動得流下熱淚。他對沛縣的父老兄弟們説，遠行在外的遊子總是懷念著故鄉。雖然建都在關中，但總是會想念著沛縣這個他起兵抗秦的故鄉。於是，他當著父老的面，宣布沛縣作為他私人的領地，可以免除沛縣人民的賦税勞役，讓故鄉父老世世代代都不必納税服役。

　　沛縣人民更加感念高祖的恩澤，再三挽留。最後高祖以軍隊人數眾多怕擾民為理由，離開沛縣。這段受到老朋友熱情款待的日子，高祖雖然百感交集，但心中的喜悦，恐怕是他畢生中任何時刻都比不上的吧！

呂后

　　有一年，沛縣令的好友呂公到沛縣，呂公是個懂得看面相的人，他一看到氣宇軒昂的劉邦，就知道他不是個普通人。酒足飯飽之後，呂公便將自己的女兒許配給劉邦為妻。

　　酒宴散後，呂公的太太非常生氣的說：「你以前常說我們這個女兒天生富貴，將來一定要嫁給貴人。沛縣有頭有臉的人家來求婚，你不肯許配給他們，怎麼今天卻隨隨便便就把她許給劉家的第三個兒子呢？」呂公回說：「我自有打算，這件事不是你這種婦道人家所能了解的。」

　　呂公於是把女兒嫁給劉邦。呂公的女兒就是呂后，她婚後生了孝惠帝和魯元公主。

　　漢高祖擔任亭長時，呂后帶著兩個孩子在田中除草，有一個老人家路過，向她要水喝。呂后給了老人家水，老人家喝完之後，仔細看著呂后的面相說：

夫人所以貴者，乃此男也。

──《史記·高祖本紀》

「夫人您是個大貴人。」呂后聽了既驚又喜，又請他給兩個孩子看相。老人看了孝惠帝說，夫人之所以能夠顯貴，就是因為有這個孩子的緣故。他又看了魯元公主，也說是個貴人相。老人家走了之後，劉邦正好來到，呂后把老人的話告訴他，劉邦聽了也是驚喜萬分，問老人去哪裡了，呂后告訴他剛走，劉邦追過去，問老人剛才的事。老人回答：「我剛才幫您的夫人和孩子看面相，他們都是因為您而顯貴的。至於您的面相，真是尊貴到無法洩漏天機呀！」

呂后是高祖劉邦還是平民時娶的妻子，他做漢王以後，又娶了戚夫人，生下了趙王劉如意。戚夫人非常受到寵愛，經常隨著高祖到處征戰。呂后年紀較大，都留守在家，和高祖聚少離多，因而越來越疏遠。高祖認為惠帝太仁慈軟弱，常常想要廢黜他，改立趙王為太子，因為大臣們的諍諫，才沒有付諸行動。

太后獨有孝惠，今崩，哭不悲，君知其解乎？

——《史記·呂太后本紀》

　　呂后治國的野心，在計殺韓信時便顯露出來。尤其是高祖病危，呂后為了保住江山，竟不避諱的問高祖百歲升天之後，蕭相國倘若死了，由誰代替相位。高祖說曹參，曹參之後呢？高祖依次說王陵、陳平、周勃，呂后再問後面的人選時，高祖不耐煩的說，以後的事情，也不是你所能夠知道的了。

　　呂后干政的企圖，昭然若揭。孝惠帝逝世，發喪期間，呂太后只是乾哭而沒有流眼淚。留侯張良的兒子張辟彊擔任侍中，當時只有十五歲，對丞相說：「太后只有惠帝一個兒子，如今去世了，她卻乾哭而不流淚，顯示並不悲痛，您知道是為什麼嗎？」陳平問是什麼緣故，張辟彊說：「這是因為還有比失去兒子更讓她擔心的事。

皇帝的兒子年紀還小，太后怕你們這班大臣奪位。如果丞相提請太后讓呂家的人都入宮做事，執掌大權，這樣太后才會心安，你們也才有幸能逃脫禍患。」丞相就按照張辟彊說的辦法做了，太后果然很滿意，這下她哭起來才顯得哀痛了。

呂氏家族掌握朝廷大權後，呂太后大赦天下，不久就安葬了惠帝。太子登位做了皇帝，隨後朝拜了高祖廟。少帝元年，朝廷所發出的號令，全部出自呂太后。後來，呂太后不滿少帝，就把他偷偷囚禁起來，對外宣稱皇帝久病不癒，神志不清，不能繼承帝位，應該另外找人代替。大臣們都同意說：「皇太后為了天下百姓，考慮得很對。」

呂太后不但廢了皇帝，還暗地裡將他殺了，改封常山王劉義為皇帝。那段時期，背後行使皇帝職權的，還是呂太后。

項羽

　　項籍，字羽。世代祖先都是楚國將領。因為被封在項地，所以姓項。項羽年少時，學習識字、劍術都沒有成就。他的叔父項梁非常生氣，項羽說，讀書識字能夠記個姓名而已。學劍，也只能對抗一個敵人，這些都不值得學習。他想要學的，是能夠對抗成千上萬人的本事。

　　項梁於是教項羽帶兵作戰的方法，項羽非常高興，稍微學到一點皮毛之後，又不肯徹底學完。可見他這個人好大喜功，做事沒有定性，卻又喜歡找理由原諒自己。

　　秦始皇遊覽會稽時，項羽跟著叔父項梁一起去觀看，項羽看到秦始皇，大聲說：「那個傢伙，我可以取代他。」項梁趕緊摀住他的嘴巴，警告他別說大話，以免被滅族。

　　劉邦見到秦始皇出巡時，由衷的讚嘆說，大丈夫就應該像秦始皇那樣威風，等於間接稱讚了秦始皇的威嚴。同樣是看到秦王出巡，劉邦展現的是嚮往之心的美好情愫，而項羽卻大剌剌的表明自己對

書足以記名姓而已。劍一人敵，不足學，學萬人敵。

——《史記·項羽本紀》

皇位的野心，充分顯現野蠻習性，陷於險境而不知。

項羽生性衝動，做事時常未經理智判斷，倉促進行，這也是他日後失敗的主因之一。如放火燒秦朝宮室，大火三月不絕；急欲東歸故鄉，向鄉人展示成功；落到四面楚歌時，分明有機會渡過烏江，在江東生聚教訓，捲土重來，卻一時衝動，在烏江畔自刎結束自己的生命，這全是因為他行事衝動，沒有定性的後果。

從他小時候嘗試學各種技能都沒有毅力學成出師，即可預見他長大後，與劉邦一爭天下，最後卻落得身首異處的悲劇英雄角色。

人，果然可以「由小見大」。

吾起兵至今八歲矣，身七十餘戰，所當者破，所擊者服，未嘗敗北，遂霸有天下。然今卒困於此，此天之亡我，非戰之罪也。——《史記·項羽本紀》

楚懷王曾與各路將領約定，誰先攻入關中，誰就做關中王。但楚將中除項羽之外，沒有人願意和劉邦一起往西進攻。懷王身邊的老將們都說，項羽為人勇猛凶殘又暴躁，凡是他經過的地方，全遭到殘殺毀滅，不如只派寬厚的劉邦前去，比較容易成功。

劉邦果然順利攻進咸陽，安定當地百姓，退兵霸上，展現仁者風範。而項羽後來入關，如楚國老將所預言，他放任軍隊洗劫咸陽，殺了秦朝降王子嬰，燒毀秦朝王宮，還奪取秦朝的財物珍寶和婦女，令咸陽當地父老極為失望。

除了處事個性不同之外，劉邦與項羽最

大的不同，在於是否能夠知人善任。

　　劉邦曾說，在策畫征戰大事方面，他不如張良；在安撫百姓，
運輸供糧方面，他不如蕭何；在統率百萬大軍作戰方面，他不如韓
信。但他卻能任用他們為他打天下。相反的，項羽雖然本身武勇，
能夠以一擋百，但是他僅有一個范增卻不信任他，這也是他的敗因
之一。

　　項羽敗兵於垓下，四面楚歌之後，帶領八百名壯士突圍，逃到
東城時，只剩二十八個騎兵了，而追殺的漢兵有幾千人。項羽料想
自己不能逃脫，對他的隨從們說，他起兵八年，身經七十多次戰鬥，
不曾打過敗仗，然而今天卻被困在這裡，這是因為上天有意要滅亡
他，而不是他不會作戰的緣故。為了證明他所言不假，他把人馬分
成四隊，向四面衝殺，並說：「我斬一員大將給你們看看。」項羽
說完，瞪大眼睛，狂喊一聲，往前奔馳衝殺過去，漢軍人馬受到驚
嚇，紛紛潰散奔逃，項羽大刀一砍，一名漢將的頭就落了地。項羽
繼續奔馳，又殺了上百人，逃脫之後，和他的騎兵會合，僅損失兩
名而已。

　　項羽果然是善於作戰的霸王。

韓信

　　韓信是淮陰人，小時候家中很窮，經常在熟人家裡吃口閒飯。後來投奔項梁，做個沒沒無聞的小兵。項梁戰死後，韓信就當項羽的衛隊隊員，好幾次向項羽獻上奇計，卻都沒有受到項羽的重視。鴻門宴之後，劉邦被封為漢王，帶領軍隊前往封地巴蜀漢中時，韓信逃到漢軍，投到劉邦麾下，卻仍然未受重用。

　　後來擔任糧倉管理員，因為犯了過錯，同案共有十四人被判斬首，輪到韓信要被斬時，他抬頭大聲問：「我們的將領不是要統一天下嗎？為什麼卻要殺掉我這個壯士呢？」

　　執刑的人聽了很驚訝，看他的長相不是普通人，談吐也不俗，就報告劉邦。劉邦便讓韓信掌管糧餉，當個軍需官，對他並沒有特殊的印象。倒是蕭何跟韓信交談過幾次，十分驚奇韓信的與眾不同。

　　當漢軍到達都城南鄭時，許多官兵們因為思念故鄉而沿途逃

諸將易得耳。至如信者，國士無雙。王必欲長王漢中，
無所事信；必欲爭天下，非信無所與計事者。顧王策
安所決耳。 ──《史記．淮陰侯列傳》

脫。韓信心想，蕭何跟劉邦推薦他好幾次了，劉邦都沒有重用他，
看來留在漢軍也沒有什麼指望，就跟著別人一起逃走了。

蕭何聽說韓信逃走，來不及向劉邦報告，就親自去追韓信。

蕭何追回韓信後，劉邦罵蕭何說，逃跑的軍官那麼多，為何以
前不追別人回來，現在卻單單只追韓信。蕭何回答：「那些軍官，
都是平平常常的普通人，容易找到。至於像韓信這樣的人，是普天
下難得的人才，誰也比不上。大王如果打算長期待在漢中一帶，做
個漢王就滿足的話，當然用不上韓信。但是如果想要奪取天下，除
了韓信，再也沒有更好的人能跟您商量軍國大計了。 」

劉邦被蕭何說動，選了吉日良辰，沐浴齋戒，為韓信舉辦登臺
拜將大典。

劉邦重用韓信之後，用兵奇巧的他，果然扭轉漢軍的劣勢，為
劉邦打造了漢室天下。

果若人言，「狡兔死，良狗亨；高鳥盡，良弓藏；敵國破，謀臣亡。」天下已定，我固當亨！

—《史記·淮陰侯列傳》

　　當年，韓信攻下齊國，殺了大將龍且，要求劉邦立他為齊王。如願之後，齊國有個辯士叫做蒯通，知道當前天下大勢，舉足輕重的關鍵是在韓信，便去勸韓信，說他面相將來最高不過封侯，而且還會遭到危險；但從他的脊背來看，將來真是貴不可言。暗喻韓信要背離劉邦獨立為王，不幫楚、漢任何一方去消滅對方，這樣就可以跟他們三分天下，像鼎的三個腳一樣相互維持。在這種情況下，以韓信的聰明才智，及擁有的軍隊，佔領著齊國，牽制著燕國和趙國，阻止楚漢的鬥爭，自然就能使民心歸附，天下諸侯也會聽命於韓信。

　　但韓信說，漢王待他十分寬厚，把他的車子給韓信乘，把他的衣服給韓信穿，把他的飯給韓信吃，所以韓信自認為不應該做個違

背正義的小人。

蒯通又勸：「上天賞賜給你卻不拿，反而會引來老天爺的責罰。時機來了你不把握，反而會受到災禍。希望你能慎重考慮自己的未來。」

當項羽被打敗之後，劉邦趁著韓信毫無準備，奪去了他的軍權。有人密告韓信叛變，就把韓信用刑具綑綁起來，放在車子後面，帶回洛陽。韓信在囚車上有感而發：「人家說，狡黠的兔子死了，會捉兔子的狗也就被宰來吃了！高飛的鳥被射完了，那張厲害的弓也就被收起來了！敵人被消滅了，謀臣也就被殺死了。現在天下已經平定了，我這個大將難道真的就要被烹煮了嗎？」

韓信後來雖被赦免，但改封為淮陰侯，逼得韓信只好勾結陳豨造反，反而誤陷呂后設下的陷阱，在長樂宮的懸鐘室中被殺了。

韓信死前感嘆：「我真後悔沒有聽蒯通的建議，才會落得這個下場呀！」

當漢高祖的朋友

當秦始皇統治天下的時候，劉邦跟你我一樣不過是一名普通的老百姓，只能在秦始皇出巡的時候，暗自羨慕他威風凜凜的模樣。

為什麼一個普通人能奪取天下，成為第一個由平民登上帝位的一代君王？因為劉邦膽大心細有遠見，感性中帶有理智，並且知人善任。如果你是漢高祖的朋友，你很難不被他的領導氣質所吸引，不得不對他的帝王權術五體投地。

秦朝滅亡後，以西楚霸王項羽和漢王劉邦各自為首，帶領軍隊爭奪統治權。在紛亂的戰爭裡，劉邦以高超的領導能力管理軍隊，最後打敗項羽，締造大漢盛世。如果問劉邦是怎麼得到天下的，他會告訴你，雖然自己不如其他智勇雙全的將臣，但因為能夠聽取忠臣諫言，任用群賢，所以能成就大業。反觀項羽，雖有良將卻不善加任用，他的剛愎自用因此招致失敗，這就是「得人者得天下，失人者失天下」。

通常當一個人位高權重時，往往變得自負，但劉邦卻不是如此。他用人不疑，懂得放下身段，並且願意傾聽旁人的意見，知道是非對錯，擇取良言。最重要的是，他大度能容，愛護百姓，這讓他深得民心，為爭奪天下奠定雄厚基礎。

試著回想一下，你的父母是否曾不厭其煩的對你說教？你的師長是否曾教導你品德比任何事都還重要？你的朋友是否曾直接指出自己的缺點？當你聽取別人的指教批評時，一時之間你會惱羞成怒還是置之不理？此時可以多想想漢高祖的大度，或許轉念後，不僅能看清自己的不足，還能因此成長。

我是大導演

看完了漢高祖的故事之後，
現在換你當導演。
請利用紅圈裡面的主題（平民），
參考白圈裡的例子（例如：起義），
發揮你的聯想力，
在剩下的三個白圈中填入相關的詞語，
並利用這些詞語畫出一幅圖。

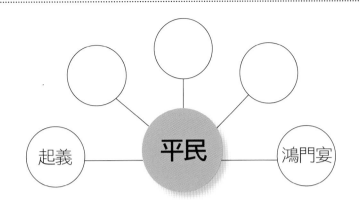

◎ 少年是人生開始的階段。因此，少年也是人生最適合閱讀經典的時候。

　因為，這個時候讀經典，可以為將來的人生旅程準備豐厚的資糧。

　因為，這個時候讀經典，可以用輕鬆的心情探索其中壯麗的天地。

◎ 【經典少年遊】，每一種書，都包括兩個部分：「繪本」和「讀本」。

　繪本在前，是感性的、圖像的，透過動人的故事，來描述這本經典最核心的精神。

　小學低年級的孩子，自己就可以閱讀。

　讀本在後，是理性的、文字的，透過對原典的分析與說明，讓讀者掌握這本經典最珍貴的知識。

　小學生可以自己閱讀，或者，也適合由家長陪讀，提供輔助說明。

001 黃帝　遠古部落的共主
The Yellow Emperor:The Chieftain of Ancient Tribes
故事／陳昇群　原典解說／陳昇群　繪圖／BIG FACE

遠古的黃河流域，衰弱的炎帝，無法平息各部族的爭戰。在一片討伐、互鬥的混亂局勢裡，有個天生神異，默默修養自己的人，正準備崛起。他，就是中華民族共同的祖先，黃帝。

002 周成王姬誦　施行禮樂的天子
Ch'eng of Chou:The Establishment of Chinese Etiquette
故事／姜子安　原典解說／姜子安　繪圖／簡漢平

年幼即位的周成王，懷抱著父親武王與叔叔周公的期待，與之後繼位的康王，一同開創了「成康之治」。他奠定了西周的強盛，開啟了五十多年的治世。什麼刑罰都不需要，天下無事，安寧祥和。

003 秦始皇　野心勃勃的始皇帝
Ch'in Shih Huang:The First Emperor of China
故事／林怡君　原典解說／林怡君　繪圖／LucKy wei

綿延萬里的長城、浩蕩雄壯的兵馬俑，已成絕響的阿房宮……這些遺留下來的秦朝文物，代表的正是秦始皇的雄心壯志。但是風光的盛世下，卻是秦始皇實行暴政的證據。他在統一中國時，也斷送了秦朝的前程。

004 漢高祖劉邦　平民皇帝第一人
Kao-tsu of Han:The First Peasant Emperor
故事／姜子安　故事／姜子安　繪圖／林家棟

他是中國第一個由平民出身的皇帝，為什麼那麼多人都願意為他捨身賣命？憑什麼他能和西楚霸王項羽互爭天下？劉邦是如何在亂世中崛起，打敗項羽，成為漢朝的開國皇帝？

005 王莽　爭議的改革者
Wang Mang:The Controversial Reformer
故事／岑澎維　原典解說／岑澎維　繪圖／鍾昭弋

臣民都稱呼他為「攝皇帝」。因為他的實權大大勝過君王。別以為這樣王莽就滿足了，他覬覦的可是真正的君王寶位。於是他奪取王位，一手打造全新的王朝。他的內心曾裝滿美好的願景，只可惜最終變成空談。

006 北魏孝文帝拓跋宏　民族融合的推手
T'o-pa Hung:The Champion of Ethnic Melting
故事／林怡君　原典解說／林怡君　繪圖／江長芳

孝文帝來自北魏王朝，卻嚮往南方。他最熱愛漢文化，想盡辦法要讓胡漢兩族的隔閡減少。他超越了時空的限制，不同於一般君王的獨裁專制，他的深思遠見、慈悲寬容，指引了一條民族融合的美好道路。

007 隋煬帝楊廣　揮霍無度的昏君
Yang of Sui:The Extravagant Tyrant
故事／劉思源　原典解說／劉思源　繪圖／榮馬

楊廣從哥哥的手上奪走王位，成為隋煬帝。他也從一個父母眼中溫和謙恭的青年，轉而成為嚴格殘酷的帝王。這個任意妄為的皇帝，斷送了隋朝的未來，留下昭彰的惡名，卻也樹立影響後世的功績。

008 武則天　中國第一女皇帝
Wu Tse-t'ien:The only Empress of China
故事／呂淑敏　原典解說／呂淑敏　繪圖／麥震東

她不只想當中國第一個女皇帝，她還想開創自己的朝代，把自己的名字深深的刻在歷史的石碑上。她還想改革政治，找出更多人才為國家服務。她的膽識、聰明與自信，讓她註定留名青史，留下褒貶不一的評價。

◎ 【經典少年遊】，我們先出版一百種中國經典，共分八個主題系列：

詩詞曲、思想與哲學、小說與故事、人物傳記、歷史、探險與地理、生活與素養、科技。

每一個主題系列，都按時間順序來選擇代表性的經典書種。

◎ 每一個主題系列，我們都邀請相關的專家學者擔任編輯顧問，提供從選題到內容的建議與指導。

我們希望：孩子讀完一個系列，可以掌握這個主題的完整體系。讀完八個不同主題的系列，

可以不但對中國文化有多面向的認識，更可以體會跨界閱讀的樂趣，享受知識跨界激盪的樂趣。

◎ 如果說，歷史累積下來的經典形成了壯麗的山河，那麼【經典少年遊】就是希望我們每個人

都趁著年少，探索四面八方，拓展眼界，體會山河之美，建構自己的知識體系。

少年需要遊經典。

經典需要少年遊。

009 唐玄宗李隆基　盛唐轉衰的關鍵
Hsuan-tsung of T'ang:The Decline of the T'ang Dynasty
故事／呂淑敏　原典解說／呂淑敏　繪圖／游峻軒

他開疆闢土，安內攘外。他同時也多才多藝，愛好藝術音樂，還能譜曲演戲。他就是締造開元盛世的唐玄宗。他創造了盛唐的宏圖，卻也成為國勢衰敗的關鍵。從意氣風發，到倉皇逃難，這就是唐玄宗曲折的一生。

010 宋太祖趙匡胤　重文輕武的軍人皇帝
T'ai-tsu of Sung:The General-turned-Scholar Emperor
故事／林哲璋　原典解說／林哲璋　繪圖／劉育琪

從黃袍加身到杯酒釋兵權，趙匡胤抓準了時機，從軍人成為實權在握的開國皇帝。眼見藩鎮割據的五代亂象，他重用文人，集權中央。他開啟了平和的大宋時期，卻也為之後的宋朝埋下被外族侵犯的隱憂。

011 宋徽宗趙佶　誤國的書畫皇帝
Hui-tsung of Sung:The Tragic Artist Emperor
故事／林哲璋　原典解說／林哲璋　繪圖／林心雁

他不是塊當皇帝的料，玩物喪志的他寧願拱手讓位給敵國，只求能夠保全藝術珍藏。宋徽宗的多才多藝，以及他的極致享樂主義，都為我們演示了一個富有人格魅力，一段充滿人文氣息的小品集。

012 元世祖忽必烈　草原上的帝國霸主
Kublai Khan:The Great Khan of Mongolia
故事／林安德　原典解說／林安德　繪圖／AU

忽必烈──草原上的霸主！他剽悍但不霸道，他聰明而又包容。他能細心體察冤屈，揚善罰惡；他還能珍惜人才，廣聽建言。他有著開闊的胸襟和寬廣的視野，這個馳騁草原的霸主，從馬上建立起一塊遼遠的帝國！

013 明太祖朱元璋　嚴厲的集權君王
Hongwu Emperor:The Harsh Totalitarian
故事／林安德　原典解說／林安德　繪圖／顧珮仙

從一個貧苦的農家子弟，到萬人臣服的皇帝，朱元璋是怎麼辦到的？他結束了亂世，將飽受戰亂的國家，開創另一個新局？為什麼歷史評價如此兩極，既受人推崇，又遭人詬病，究竟他是一個好皇帝還是壞皇帝呢？

014 清太祖努爾哈赤　滿清的奠基者
Nurhaci:The Founder of the Ch'ing Dynasty
故事／李光福　原典解說／李光福　繪圖／蘇偉宇

要理解輝煌的清朝，就不能不知道為清朝建立基礎的努爾哈赤。他在明朝的威脅下，統一女真部落，建立後金。當他在位時期，雖然無法成功消滅明朝，但是他的後人創立了清朝，為中國歷史開啟了新的一頁。

015 清高宗乾隆　盛世的十全老人
Ch'ien-lung:The Great Emperor of the Golden Age
故事／李光福　原典解說／李光福　繪圖／唐克杰

乾隆在位時期被稱為「康雍乾盛世」，然而他一方面大興文字獄，一方面還驕傲的想展現豐功偉業，最終讓清朝國勢日漸走下坡。乾隆讓我們看到了輝煌與鼎盛，也讓我們看到盛世下的陰影，日後的敗因。

經典○
少年遊

youth.classicsnow.net

004
漢高祖劉邦　平民皇帝第一人
Kao-tsu of Han
The First Peasant Emperor

編輯顧問（姓名筆劃序）
王安憶　王汎森　江曉原　李歐梵　郝譽翔　陳平原
張隆溪　張臨生　葉嘉瑩　葛兆光　葛劍雄　鄭培凱

故事：姜子安
原典解說：姜子安
繪圖：林家棟
人時事地：曾柏偉

編輯：張瑜珊 張瓊文 鄧芳喬
美術設計：張士勇
美術編輯：顏一立
校對：陳佩伶

企畫：網路與書股份有限公司
出版者：大塊文化出版股份有限公司
台北市10550南京東路四段25號11樓
www.locuspublishing.com
讀者服務專線：0800-006689
TEL：+886-2-87123898
FAX：+886-2-87123897
郵撥帳號：18955675
戶名：大塊文化出版股份有限公司
法律顧問：全理法律事務所董安丹律師

總經銷：大和書報圖書股份有限公司
地址：新北市新莊區五工五路2號
TEL：+886-2-8990-2588
FAX：+886-2-2290-1658
製版：沈氏藝術印刷股份有限公司

初版一刷：2012年12月
定價：新台幣299元